꽃들의 출석부

꽃들의 출석부

임명실 시집

한그루

작가의 말

이 작은 시집은 어쩌면 제 삶의 기억이며,
오랜 시간 마음속에 품어왔던 이야기들입니다.
아이들과 함께 웃고 울며 보낸 긴 시간 속에서,
아이들은 저에게 끝없는 영감이 되었고,
잊히지 않는 순간이 되었습니다.
지금도 제 머릿속에서 맴돌고 있는 그 순간들을
투박하게 적어보았습니다.
이 글을 읽는 누군가에게 잔잔한 울림으로
닿기를 바라면서….
오늘도 저는,
웃는 제자들의 얼굴을 볼 수 있어서 참 좋습니다.
여러분도 이 시집을 읽으며
잃어버렸던 웃는 얼굴을 되찾으시기를 소망합니다.

차례

1부
나의
첫사랑에게

12 오늘도 나는
14 후회
16 바램 1
17 바램 2
18 천사를 만났다
20 바보 교사
22 그저 고맙구나!
23 사랑
24 교사라는 이름으로
26 선생님
28 봄, 여름, 가을 그리고 겨울
29 선생님의 마법
30 화살
32 참 슬플 것 같아
34 넌 어떠니?
36 다행이다
38 부탁할게

	40	교사라는 나무
	41	용기
	42	나의 첫사랑에게
	44	따뜻한 다리미가 되어
	46	하교
2부	48	그냥……
우리가	50	제가 참아보겠습니다
사랑할 때	52	도망가고 싶다
	54	모든 것이 고맙다
	56	풋사랑
	58	선생님 전상서
	60	새싹 아이
	62	아이 둘
	63	한낱
	64	버텨볼게
	66	쌤의 비밀

68 혹시

70 빨강머리 앤

72 우리가 사랑할 때

74 비가 오는 날

76 나와 같다면

78 당당하게 서볼래

80 마라탕의 마법

82 작전 실패

84 하늘 멍 수업

86 아려온다

88 이별하기

3부
꽃처럼
새처럼

92 기다리는 중

94 일타강사

96 섬

98 결전

100 내 소원

102 그래서 우리는

104 그곳은 어떠니?

106 매일 지각하는 소민이에게 톡을 남겼다

108 평행선

109 지나고 보니

110 마음을 그리다

112 비가 오는 날이면

114 바퀴벌레 씨에게

116 반성

118 어디 즈음에 있는 걸까?

120 꽃처럼 새처럼

122 인연

123 작은 새싹 하나

124 마중물

126 그래, 왔으면 됐어

128 우리

130 이별을 말할 때

1부

나의 첫사랑에게

오늘도 나는

아무런 준비 없이 들어선 길

서툴고

어설퍼서

고개를 숙였다

한 아이

두 아이

그리고

또 다른 아이를 만나며

나는 교사가 되었다

선생이 되었다

아이들이 불러주는 이름

맹실쌤

그 이름이 좋아

오늘도 간다

내 삶의 푸르름을 만나러 간다

후회

샘?
샘!
샘……

아이들이 부르는 소리에

왜?
왜!
왜……

나도 아이가 되어 버렸다

아이들이 입을 닫는다
마음을 닫는다

사랑한다는 아이들의 찐 마음을

말해주는

번역기가 있으면 좋겠다

사랑한다는 나의 찐 마음을

말해주는

번역기가 있으면 참 좋겠다

바램 1

어디서든지

빛이 나는 우리 아이들

그 빛으로

세상을 물들이는

사람이 되었으면

참

좋겠다!

바램 2

하루에 한 번 하늘과 마주하기를
오늘의 푸르름에
미소 짓는 사람이 되기를

하루에 한 번 너의 마음과 마주하기를
내일의 따스함으로
성숙한 사람이 되기를

그래도 가장 큰 나의 바램은
너라는
사람의
소중함을
잊지 말기를……

천사를 만났다

키 작은 소영이는
새까만 머리카락을 가지고 있다
허리까지 찰랑거리는 머리카락은
보는 사람들의 부러움이다

눈이 예쁜 소영이는
새까만 머리카락을 가지고 있다
오 년을 고이고이 간직한 머리카락은
소영이의 제일가는 자랑거리다

손이 하얀 소영이는
새까만 머리카락을 가지고 있다
빨주노초파남보 염색으로 치장한
주연이의 유혹에도
넘어가질 않는다

돌담 사이로 감귤 향기가 퍼져 나오는
어느 가을에
소영이는 짧은 단발이 되어 돌아왔다

이름도 얼굴도 모르는
어느 아픈 작은 아이에게
까맣고 소중하고 찰랑이는
머리카락을 주고 왔다고 했다

사랑을 주고 왔다고 했다

나는
그렇게
천사를 만났다

바보 교사

결석하지 마라
잠자지 마라
껄렁거리지 마라

하지 말아야 할 것
세 가지

학교에 와라
공부해라
바르게 행동해라

꼭 지켜야 할 것
세 가지

나도
똑바로 못했던 일들을

아이에게
툭 던져놓고

키를 재듯
몸무게를 재듯
들여다봤네

나라는 선생
참
바보 같다!

그저 고맙구나!

마음속 우물 안에서

불안을 꺼내고

우울을 꺼내서

버리기까지

넌

얼마나 힘들었을까?

난

그저

너에게

고맙고 대견하다는

말을 전해 본다

사랑

사랑
고작 두 글자

줄 수만 있다면

사랑에 고픈
나의 제자들에게
모두 나누어 주고 싶다

수천 개의 조각으로 나누고 또 나누어
날려 보내고 싶다

교사라는 이름으로

그 어떤 찬사가 없어도 좋다

우리
그저
우리에게 맡겨진
아이들을 위해
최선을 다할 뿐

우리가 있는 이곳이
꿈꿀 수 있는 뜰이라면 좋겠다

넓고 푸른 바다 같은 뜰
높고 청명한 하늘 같은 뜰
끝이 보이지 않는 평야가 펼쳐진 뜰

그 뜰 안으로

사랑이 모이고

행복이 모이고

아이들이 모여

저마다 꿈을 꿀 수 있는

그들만의 뜰이

되어주기를

학교라는

뜰 안에서

세상에서 가장 아름다운

꽃이 피기를

빌어본다

선생님

어느
선배 선생님의
말과 행동은
불꽃처럼
뜨겁고
강렬하진 않지만
늘 나의 시선을 멈추게 한다

생각쟁이가 되어
아이들의 눈을 마주하고
마음을 전하게 한다
진심을 전하게 한다

그리고

사랑으로

아이들을 품게 한다

나만의 선생님이 생겼다

봄, 여름, 가을 그리고 겨울

새내기

신규 교사의

봄, 여름, 가을, 그리고 겨울은

늘 푸르른

짙은 초록이었다

우리들 가슴에 초록이 물들었다

선생님의 마법

참

이상하다

말 한마디 않던 아이가

스르르 입을 열었다

열려라 참깨라고

외친 걸까?

수리수리 마수리라고

외친 걸까?

선생님의 마법이 정말 궁금하다

화살

아이 엄마의 독설
화살이 되어
내 몸에 박혔다

가슴에 구멍이 생겼다

시린 마음을 메우려다
잠시 멈춘다

아이도 아팠겠구나
커다란 구멍을 감추려 애썼겠구나

내 마음속 구멍에서
사랑을 꺼내고
또 꺼내서

아이의 구멍 난 가슴속으로 밀어 넣는다

넣고 또 넣는다

부디 마음이 아프지 않기를……

그 아이

어른이 되어

그 어떤 화살도 잡지 않기를

간절히 빌어본다

참 슬플 것 같아

교사로 산 지 삼십 년

나를 좋아하는 놈도
나를 미워하는 놈도
거기서 거기인 거 같아

가장 슬픈 건
나를 좋아하는 놈도
나를 미워하는 놈도
없다는 거야

내가 가장 두려운 것은
아이들 앞에
투명 인간처럼 서 있는
나의 모습을
마주하게 되는 것

나락에 빠진 나를

마주하게 되는 것

참

슬플 것 같아

넌 어떠니?

난 괜찮은데
넌 어때?

난 견딜 만한데
넌 어때?

한 걸음만 내딛어 볼래?

네 뒤에
내가 서 있을게

부서진 마음을 붙잡고 있는
너의 두 손을
내가 함께 잡아줄 테니

제발

용기를 내

다행이다

쌩 깐다
못 본 척 지나간다

그 흔한
눈인사조차
너는 하지 않는다

못된 놈이라며 울분을 토했다

그런 네가
옅은 미소를 짓는다
'긴긴밤'을 읽으며

누가 널 미소 짓게 만들고 있을까?

덩치 큰 코뿔소

키 작은 펭귄

그래도 다행이다

너를 미소 짓게 만드는 누군가가 있어서

서운한 나의 마음을
지울 수 있어서

부탁할게

묻는 말에
대답하지 않는 너

꾹 닫은 너의 입술 끝에 달린 고집이
나를 거부하는 신호가 되어 날아온다

무엇이 그리도 너를 불편하게 하는 걸까?

째려보는 듯한 나의 눈길이
딱딱한 나의 말투가
그리고
밥맛이라고 소문난 나의 뒷말이
너를 불편하게 하는 거라면
제발 그러지 마

사실 난
말 한마디 않고 오랫동안 그 자리에 앉아 있는
너의 모습이 무척이나 두려워

행여 학교를 떠난다고 할까 봐
그래서
너의 뒷모습을 보게 될까 봐
나는 두려워

나 한 번만 봐주면 안 될까?

교사라는 나무

모든 순간이
즐겁지는 않지만
찰나의 행복이 있기에
아이들을 위한
푸르른 나무가 되련다

나의 그늘 아래에서
잠시 쉬며
숨 고르기를 한 후
다시 힘을 내는 아이들을
만나 보련다

용기

가려다가
멈칫

오려다가
멈칫

너는 거기서
나는 여기서
맴돈다

마음을 고쳐먹고
내가 간다

얽힌 실타래의
끝을 잡는다

나의 첫사랑에게

말 없던 수현이가
입가에 작은 미소를 띠더니
인사를 하기 시작했다

수줍은 눈 맞춤도 시작했다

어느 날부턴가
교복 대신 예쁜 살구색 니트를 입고
등교했다

소문이 돌고 돌다 내 귀에 닿았다

말 없는 현수와
썸을 타고 있다고

수현이와 현수

거꾸로 하면 이름이 똑같은 두 아이의 설렘

나의 첫사랑이 기억되는 건 왜일까?

따뜻한 다리미가 되어

구겨진 종이를
바라볼 때마다
가슴 한 켠이 시큰해져

세상의 모진 바람에
마구 구겨져 버린
작고 여린 마음들을 보는 듯해서

주름지고 상처 난
아이들의 마음
차곡차곡 쌓인
아픔의 흔적들

뜨거운 온기 불어넣어
반듯하게 펴주고 싶어

나도 모르게
두 손 내밀어
따뜻한 다리미가 되어본다

아이들의 쪼그라든 마음
조심스레 어루만져
환한 웃음 되찾도록

더 이상 구겨지지 않게
내 모든 온기를 다해
꼭 안아본다

하교

교문을 나서는
마지막 그 순간
우리들 가슴속에는
무엇이 남아 있을까?

문득, 궁금해진다

2부

우리가 사랑할 때

그냥……

괜찮다는 말로
서툴게 나를 위로하지 마세요
내 슬픔의 깊이를
나도 모르고 있으니

잘 될 거라는 말로
쉽게 나를 위로하지 마세요
내 절망의 끝을
마주할 용기가 아직은 내게 없으니

누구에게나 아픔은 있다는 말로
단정 짓듯 위로하지 마세요
나의 아픔을 말할 수 있는 용기가
아직 내겐 없으니

세월이 약이라는 말로

스치듯이 나를 위로하지 마세요

긴 세월이 흘렀어도

어릴 적 내 기억이 파편처럼 남아 있기에

그냥

아무런 말없이

따스한 마음으로 나의 곁에 앉아

고른 그대의 숨소리를 들려준다면

그것으로 그대가

내게 줄 수 있는

가장 큰 위로를

전해주었다고 생각하기를……

제가 참아보겠습니다

교복은 반드시 입어야 하나요?
저의 스타일이 아니랍니다

수업 시간은 왜 50분인가요?
30분이면 졸지 않고 들을 수 있는데

수업 중에 핸드폰 사용 금지는 누가 정한 건가요?
졸릴 때 한 번씩 사용해도 좋은데

급식 시간을 3학년부터 먹게 하는 건 누구의 생각인가요?
달리기 1등이 먼저 먹어야 하지 않나요?

왜, 교사용 화장실에만 비데가 있나요?
인간은 평등하다고 하면서

'교무실로 따라와!'라는 말은 선생님들의 유행어인가요?

    할 말도 많고 따질 것도 많지만
    그래도
    우리를 사랑하신다고 하니
    제가 참아보겠습니다

도망가고 싶다

도망가고 싶다
도망가고 싶다
도망가고 싶다

학교라는 공간에서
도망가고 싶다

정문을 나서려는데
지난밤 우리 집에서 벌어졌던
전쟁의 흔적이 스친다

엄마는 아빠를 닮은 나를 탓하고
아빠는 엄마를 닮은 나를 탓하며
호랑이와 사자가 되어 한판 붙었다

그 누구도 닮고 싶지 않은 내 생각은
무시되었고
또다시 열심히 해보겠다는 나의 다짐은
믿을 수 없다는 두 분의 말로 의미를 잃었다

어느새
뒤따라온 담임샘,
'난 너를 믿는다!'라는 말에
눈물이 흘러 내렸다

빌어먹을
한 번도 보여주지 않았던
내 마음이 들통났다

마지막 자존심이 부서져 버렸다

모든 것이 고맙다

농구 시합을 한다는 체육샘

국어보다는 축구를
수학보다는 배구를
영어보다는 농구를 잘하는 나

나에게도 드디어 기회가 왔다
멋지게 3점 슛을 날리며
그녀 앞에서 뽐내보려고 마음먹었다

호루라기 소리와 함께 시작된 농구 시합
쓸데없이 힘이 센 창현이의 공격에
내가 쓰러졌다
발목에서 뚝 소리가 났다
역시나 나는 재수 없는 놈이라며 한탄했다

보건실로 데리고 가라는 체육샘의 말에

예슬이가 조용히 다가왔다

그리고 자신의 팔을 내줬다

보건실로 가는 길

미운 짓만 하던 창현이가 참 고맙다

욕쟁이 체육샘도 너무 고맙다

예슬이와 함께 걷는 이 길 위에서

무엇 하나 미운 게 없다

모든 것이 고맙기만 하다

지나가는 바람조차도

풋사랑

대학 가면 예쁜 여자들이 많다며
엄마는 공부만 하래요

대학 가면 멋진 남자들이 많다며
아빠도 공부만 하래요

난
예쁜 여자를 좋아하는 게 아니에요

난
멋진 남자를 좋아하는 게 아니에요

지금 내 가슴을 콩닥거리게 만드는
그 아이가 좋을 뿐이에요
지금 내 얼굴을 붉게 만드는
그 아이가 좋을 뿐이에요

풋사랑이라며 저의 머릿속을 휘젓지 말고
저의 이 감정을 존중해 주시면 안 될까요?

풋사랑으로 찐사랑을 찾아가는 길을
열어볼 테니

그래서 사랑의 묘미를 느껴볼 테니

선생님 전상서

사랑하는 선생님
꼭 드릴 말이 있습니다

예쁘다면서
제가 좋아하는 초코 쿠키를
혜선이에게 주셨더군요

착하다면서
제가 좋아하는 망고 주스를
예영이에게 주셨더군요

미운 아이 떡 하나 더 주는 건가요?

그럼 저도 선생님에게 미운 아이가 되렵니다

선생님 서랍에 고이 간직한
빼빼로의 주인이 되고 싶습니다

예쁘다는 말보다, 착하다는 말보다
저는 빼빼로가 좋습니다

제발 사랑한다는 말로 제게 줄 빼빼로를
소영이게 주는 실수를 부디 하지 마시기를

새싹 아이

겨울에서
봄으로 지나가는 길목 위

호된 추위를 겪고
겨울의 눈보라를 이겨낸
작은 새싹처럼

넌 그런 아이였어

푸릇푸릇한
작지만 함부로 꺾지 못하는
그런 아이였어

그래서 너는 나의 우주가 된 것 같아

해가 되고

달이 되고

별이 되고

넌 내게 그런 의미야

그러니 절대 무너지지 말아줘

꿋꿋이 거기에 서 있으렴

언제나 푸르르게

아이 둘

한 아이 곁에 또 한 아이
한 아이 곁에 또 한 아이
둘이 되어 걷는 길이
참 따뜻하다

작은 소리로 속삭이는 두 아이에게
지나가는 바람이 묻는다

뭔데?

서로만 바라보는 두 아이
흩날리는 머리카락을 붙잡으며
대답한다

쉿, 비밀이야!

한낱

책임감 있는 사람이 되라고 했는데
진중한 사람이 되라고 했는데
배려하는 사람이 되라고 했는데
그리고
공감하는 사람이 되라고 했는데

대단한 것이 없어
특별한 것이 없어
잘하는 것이 없어

나는
한낱 아이가 되어 버렸다

한낱 아이가 되어 버렸다

버텨볼게

내게 써준 편지를 읽으며

너의 걱정이

나란 걸 알았어

솔직히

난

조금 아파

마음이 아파

견딜 만하다고

답해주고 싶은데

거짓말을 하고 싶지는 않아

그래도 기다려줘

버텨볼게

더 이상 추락하지 않으려고

노력해볼게

언젠가

웃는 얼굴로

너의 앞에 서볼게

너의 두 눈에 웃는 내 모습을 담아볼게

쌤의 비밀

1교시 끝날 즈음
교무실 문을 열면
'왔어?'라며
나를 반긴다

지칠 만도 한데
항상 웃는 얼굴이다

쌤은 밸도 없나?
뭐가 이쁘다고 매일 지각하는 나를 반기실까?

어느 날은
늦게라도 학교에 와 줘서 고맙대

이쯤 되면 야단을 쳐도 될 텐데
그저 웃고만 있으니

더럭 겁이 나기도 하고
쌤의 눈치를 보게 돼

어느 날 알게 된 쌤의 비밀 하나

쌤은 오래전 소중한 무언가를 잃었대
말없이 하늘나라로 떠나버린 제자가 있대
기다려도 기다려도 오지 않는 사랑스러웠던 제자

그래서 내가 고맙대
늦게라도 학교에 와 줘서 고맙대
웃는 얼굴을 보여줘서 정말 고맙대

내가 그저 사랑스럽기만 하대

혹시

혹시 알고 있나요?
제가 사춘기라는 것을

그래서 날카롭고
그래서 까칠하고
그래서 밥맛이라는 것을

엄마도, 아빠도, 누나도
모두 저를 보며
사춘기라서 참아 준대요

그런데 쌤,
저를 막 대하시는 쌤 때문에 잠시 멈칫거리게 돼요
가끔은 당황한답니다

왜 쌤에게는 저의 사춘기가 안 먹히는 걸까요?

저의 반항을 깡그리 무시하며
'고만해!'라고 나직이 말하는 쌤의 눈짓에
왜 신경이 쓰일까요?

혹시
제 마음을 읽으셨나요?
혼자가 될까 봐 불안한 이 마음을
외톨이가 될까 봐 잠 못 드는 이 마음을

사춘기라는 가면을 쓴 저의 마음을
쌤은 알고 계신 건가요?

빨강머리 앤

어릴 적 읽었던

빨강머리 앤

나의 최애 책이 되었어

고아였고

가진 거라곤

풍부한 상상력과 현란한 말솜씨

그래서 닮고 싶었어

나랑 정반대인 앤

머리카락을 빨갛게 물들이고

집으로 들어간 날

엄마는 머리카락 잘라버린다며 가위를 찾았어

앤이 되고 싶다구요
빨강머리 앤이……

상상 속 세상에서라도 행복한 아이가 되고 싶다구요
상상 속 세상에서라도 말 잘하는 아이가 되고 싶다구요

단 한 번도 져주지 않았던 엄마가 뒤로 돌아섰어
들썩이는 어깨를 보니 괜히 미안한 마음이 들었어

엄마가 나지막하게 고백했어

그래, 네가 좋다면 나도 좋아
그런데 그거 아니?
앤이 아니더라도 너는 나의 최고 딸이라는 것을
내가 살아가는 이유라는 것을

우리가 사랑할 때

아직은 서툰 작은 손으로
세상의 빛깔을 더듬으며
낯선 온기가 피어날 때

그것이 사랑인 줄 모르고
그저 좋아서
자꾸만 눈길이 갈 때

우리가 사랑할 때

서로의 어깨에 기대어
작은 비밀을 속삭이며
함께 웃고 함께 울 때

혼자가 아니라는 사실에
가슴 벅찬 행복을 느끼며

세상이 온통 아름다워 보일 때

우리는 비로소 알게 된다
사랑은 멀리 있지 않다는 것을
바로 우리 곁에
이 순간에 있다는 것을

우리가 사랑할 때
세상은 가장 아름답게 빛난다

비가 오는 날

하늘에서 떨어지는
투명한 빗방울들

때로는 가늘게 속삭이듯
때로는 거세게 몰아치며
나를 잡는다

오늘 하루만
딱 오늘 하루만
학교를 잊고
혼자만의 세상에 있고 싶어
핸드폰을 켠다

"쌤, 저, 생리통이 너무 심해서 결석합니다."

여자라서 좋은 것

생리 결석을 쓸 수 있다는 것

민호 녀석이 가장 부러워하는 것

대답 없는 쌤의 반응에

하트 뿅 뿅을 날리고

다시 꿈나라로 도망간다

에라, 모르겠다!

나와 같다면

이 넓은 세상 속
많은 사람 틈에서
홀로 서 있는 듯해

아무도 모르는
비밀스러운 생각들
아무도 이해 못 할
나만의 깊은 감정들

때로는 외롭고
때로는 지쳐
어딘가 기댈 곳을 찾지만
쉽게 찾을 수 없어

그래서 누군가 나와 같다면 참 좋겠어

말하지 않아도
내 눈빛을 읽어주고
그 의미를 알아주는 사람

세상의 잣대를 버리고
나를 온전히 이해해 주는 사람

나와 같다면
더 이상 혼자가 아닐 텐데
이 복잡한 마음을
나눌 수 있을 텐데

어디에 있을까?
나의 손을 잡아줄 또 다른 나

당당하게 서볼래

어깨를 짓누르던
무거운 슬픔의 짐
이제는 내려놓을래

나를 붙잡던
끈적한 우울의 그림자
이제는 벗어 던질래

밤새도록 괴롭히던
날카로운 칼날
이제는 부러뜨릴래

맑은 눈으로 세상을 보고
환한 미소로 햇살을 맞고
가벼운 발걸음으로 세상을 걸어볼래

나를 버리는 것

새로워진다는 것

오래된 껍질을 벗고

아팠던 과거를 놓아주는 일

새로워진다는 것

그것은 다시 태어나는 일

이제 나는

새로운 나로

세상 앞에 당당히 설 거야

더 밝고, 더 자유롭고, 더 행복한 나로

마라탕의 마법

오늘 아침
교실은 술렁술렁
급식 메뉴판에 적힌 세 글자
'마.라.탕!'

점심시간 종이 울리자마자
우르르 급식실로 달려간다
두 배는 빠른 발걸음

줄은 길게 늘어섰지만
기대감 가득한 눈빛들
코끝을 스치는 매콤한 향기

드디어 내 차례
빨갛고 얼얼한 국물 위
탱글한 면발, 쫄깃한 당면

다양한 채소와 고기까지
내 취향대로 담아낸
나만의 마라탕

여기저기서 터져 나오는 환호성
우리들의 얼굴에는
웃음꽃이 만발

후루룩 면치기 소리
매콤함에 땀이 송글송글
하지만, 연신 엄지 척!

마라탕 한 그릇에
잠시 걱정을 내려 놓는다
복잡한 마음을 잊어본다

작전 실패

시계는 여전히 느리게 가고
책상은 차갑고 딱딱하기만 해
내 마음은 이미
저기 운동장 밖

아프다고 할까?
그러고 보니 벌써 배가 아프기 시작해

아니면
할머니가 편찮으시다고
안 돼, 안 돼, 할머니를 팔 수는 없어

어떤 작전이 제일 그럴듯할까?
들키지 않고
쌤의 마음을 한 번에
통과할 수 있는 완벽한 작전

교무실 문을 열고 들어가

쌤 앞에서

눈물 한 방울을 떨어트렸더니

쌤이 다가와

나를 안으며

'괜찮아, 괜찮아'

위로해 준다

놀란 쌤 눈에서도 눈물이 흘러내렸다

에고, 이번 작전도 실패다

하늘 멍 수업

따스한 햇살이 창가에 앉고
살랑이는 바람이 코끝을 스쳐요
내 시선은 자꾸만
파란 하늘 뭉게뭉게 구름 사이로

아, 진짜, 이건 반칙 아닌가요?
날씨가 이렇게 좋은데
왜 우리는 여기 갇혀 있어야 하나요?
내 마음은 이미 초록 잔디밭 위를 뒹굴고 있는데

쌤,
우리
오늘 수업은
초록 잔디밭 위에서 하면 안 될까요?
돗자리 깔고 대자로 뻗어서
오늘의 주제는 딱 하나!

'멍 때리고 하늘 보기'

어때요?

파란 하늘 보며 멍 때리며
교실은 잠시 잊고
바람 소리, 새소리 들으며
두둥실 구름이나 실컷 보자고요

이런 날씨
놓치면 진짜 후회할 거예요
쌤, 제발요
네?
오늘만 '하늘 멍 수업' 가요!

아려온다

우리 학교
최고의 상담쌤은 말이지
아이들의 장점을 콕콕 집어내어
용기를 주는 마법사래

그 소문 듣고 나도 찾아갔어

"쌤, 제 장점은 뭘까요?"
왠지 멋진 말을 해 줄 것 같아
기대 가득한 눈으로 쳐다봤어

어라?
쌤 눈빛이……
평소랑 다르게
살짝 흔들리는 것 같아

잠깐의 침묵, 어색한 공기
내 질문이 너무 어려웠나?

그러다 겨우 나온 쌤의 한마디
"보민이는 말이지…… 내 얘길 너무 잘 들어줘."

헐?
조금은 엉뚱한 대답에 벙쪘는데

"그래서 위로가 돼, 쌤한테는"
그 말에 쌤의 지친 어깨가 보였어
아, 쌤도 힘들었구나!

잃어버린 내 장점 찾으러 갔다가
오히려 쌤의 아픈 마음을 들여다봤네
묘하게 찡하고, 맘이 아려온다

이별하기

거울 속에 비친 나
낯설고 차가운 눈빛
어느새 이렇게 변해버렸을까?

친구의 아픔을 외면하고
선생님의 진심을 비웃고
세상의 모든 것을
삐딱하게만 바라보던 나

내 안에 숨어 있던
어둡고 못된 마음
그것이 나인 줄 알았어
그것이 나를 지켜줄 거라 믿었어

하지만 아니었어
그 마음은 나를 더 외롭게 만들고

나를 더 아프게 했어

점점 더 깊은 어둠 속으로

나를 끌고 들어갔지

이제는 알아

이대로는 안 된다는 것을

더 이상 이 마음과 함께할 수 없다는 것을

그래서 오늘

나는 결심해

과거의 나와의 이별을

미안해, 과거의 나

너 때문에 아팠던 시간들

너 때문에 놓쳤던 소중한 것들

모두 다 용서할게

하지만 이제는 안녕

너를 내 안에서 놓아줄게

너를 보내고

새로운 나를 맞이할 거야

아직은 서툴고

아직은 두렵지만

조금씩, 아주 조금씩

빛을 향해 걸어갈 거야

따뜻한 마음으로

세상을 바라보고

진심으로 웃고 울 수 있는

나를 만날 거야

새로운 시작을 해볼래

3부

꽃처럼 새처럼

기다리는 중

왔어?
네……

며칠 동안 결석을 했던
은희가 멋쩍게 웃는다

얘기 좀 할까?
나중에요

괜찮니?
네……

며칠 동안 결석을 했던
건우가 멋쩍게 웃는다

얘기 좀 할까?
나중에요

아이들과의 만남
기다림의 연속

오늘도 난
너를
기다린다

일타강사

내 인기가 최고래
일타강사라고 소문이 났어

수업은 듣지 않고
잠만 자는 정원이가
내 수업이 재미 있다고
칭찬을 무지 했대

정원아,
뭐가 재미 있었어?
내가 물었어

아……
그……
자유시간요!

목이 아파 수업 대신 준 자유시간

아이들에게는 가장 재미있는 시간이었나 보다

나도 모르게 일타강사가 되었다

섬

바다가 없어
파도가 없는
그래서 외로운 섬

학교 안에는
수많은 아이가
섬이 되어 모여 있다

교사라는 등대를 바라보며
떠다니고 있다

모이고 모여
단단한 땅이 되면 좋을 텐데

홀로 서 있는 섬에게

이름을 불러주니

얼굴을 숨긴다

바닷속으로……

결전

쌤!
경숙쌤은 갱년기가 확실해요

왜?

화를 너무 많이 내세요

윤정이의 눈에서 불이 난다

쌤!
윤정이가 사춘긴가 봐요

왜요?

내 말에 따박따박 대들어요

경숙쌤의 눈에서도 불이 난다

갱년기 여인과 사춘기 소녀의 냉전

지켜보는 내 가슴은 콩닥거리고
내 발밑에는
살얼음판이 위태롭게 번져 있다

제발 오늘도 무사히 지나가기를……

내 소원

대체 무엇이 담겨 있기에
너의 마음이
그리도 무거울까?

조금만 덜어내지 않을래?
조금만 비워내지 않을래?

살을 빼듯
물기를 닦아내듯
무거운 너의 마음을
조금이나마
덜어낼 수만 있다면

네 눈에 깃든
흔들림이
사그라질 수만 있다면

오늘 쓸 내 소원은

없어도 좋겠다

그래서 우리는

 그 아이는 정말 안 돼. 말이 안 통해. 어떻게 그런 아이가 있을 수 있을까? 우리의 미래가 절망적이야. 자기밖에 모르는 아이야. 내 얘기는 듣지도 않고 자기 말만 해. 상대방 입장도 생각해야 하지 않나? 철은 언제 들 건지 열 살하고도 일곱 살이 더해졌는데 왜 나는 초등학교 5학년 아이랑 이야기를 나누는 것 같은 느낌이 들까? 소통의 연결 고리를 찾을 수가 없어. 많은 문제 아이들이랑 이야기를 나누며 아름다운 마무리를 할 수 있었어. 그런데 그 아이와는 끝까지 평행선이야. 다시는 그 아이랑 이야기하지 않을래. 이야기를 나눌수록 내 목 안으로 고구마가 차곡차곡 쌓이는 느낌이야. 답답해서 미치겠다. 아, 이 답답함은 언제쯤 사라질까?

 그 선생님과는 더 이상 말하지 않을래. 자기 말만 해. 왜 내가 하는 말은 듣지 않을까? '너는 어려서 모르는 게 많아, 내 말이 정답이야'라는 식의 말투, 난 그 말투가 정말 싫어. 이렇게 해라, 저렇게 해라, 자기가 정한 답을 말하고 또 말해. 그리고 똑같은 말만 반복하는데 귓가에서 벌 한 마리가 윙윙대는 것 같아. 내 귓구멍은 멀쩡한데 '알아들었니?'라는 말을 수없이 반복해. 대체 내게 무슨 말을 듣고 싶은 거지? '죄송합니다. 정말 죄송합니다. 이젠 정말 착한 아이가 되겠습니다!'라는 맹세라도 듣고 싶은 건가? 설마 오늘도 교무실로 따라오라고 할까? 아, 이 지독한 전쟁을 언제까지 해야 할까? 정말 답답해서 미치겠어!

그곳은 어떠니?

그곳은 어떠니?
견딜 만한 곳이니?

힘들 거라는 생각
외로울 거라는 생각
조금은 들어

하지만
네가 선택한 그곳에서
당당함만은 버리지 말고
서 있기를

우연히 너를 마주치는 날
너에 대한 아쉬운 마음이
슬픔으로 변하지 않도록

학교를 박차고 떠나가던 날
내게 보여줬던
그 당당함이
너의 빛깔로 남아 있기를

그래서 빛나기를

매일 지각하는 소민이에게
톡을 남겼다

빨리 와라
……

얼른 와라
……

지금 당장 와라
……

지체 없이 와라
……

조속히 와라
……

신속하게 와라

……

즉시 와라

……

너 정말 죽을래?
영광입니다!

대답 없던 녀석의 반응에
내 속만 타고 탄다

평행선

왜 그렇게 말을 안 듣니?
샘도 제 말을 듣지 않잖아요!

왜 그렇게 고집이 세니?
샘 고집도 만만치 않아요

왜 그렇게 까다롭니?
진짜 까다로운 사람은 샘이에요

가장 가까운 곳에
서 있는 아이
나를 너무도 잘 알고 있는 아이는
선 하나가 되어
나의 평행선이 되었다

언제쯤 만날 수 있을까?

지나고 보니

세상살이가
쉬운 게 하나도 없어
모든 게 어렵기만 해

그런데 지나고 보니
그 어렵기만 했던 일을 무사히 넘고 또 넘기며
이 자리에 서 있더라

그러니 얘들아
두려워하지 말자

너희들 또한 나와 같지 않을까?

지나고 보니 견딜 만했다는 이 마음이
너희들에게도 생기지 않을까?

마음을 그리다

졸업식 날
네가 놓고 간 편지 한 장

예쁜 꽃이 그려진 편지지 위에
감사하다는 너의 마음이
새겨져 있었어

그리고
사랑한다는
마음도 담겨 있었어

제멋대로 흐르는 눈물이
편지 위로 떨어지더니
눈물 꽃이 되어 피어나더라

너를 사랑하는 내 마음이
눈물 꽃이 되어 그려지더라

참 예쁘더라

비가 오는 날이면

비가 오면
모든 것이 짙어진다

흙 냄새
풀 냄새
그리고
짙어진 너의 얼굴

고개를 돌리고
눈을 감은 채
엎드린 너

창문을 수없이 치며 튕겨 나가는 빗방울들이
너의 가슴으로 스며드는 것 같아
네가 앉은 그 자리에서
시선이 멈춘다

단단한 방패가 너의 가슴에 우뚝 서 있으면 좋겠어

방울 방울 빗방울이
너의 가슴 안으로 들어가지 않게

오그라진 너의 마음이
눅눅해지지 않게

비 오는 날에
너를 만나는 것
풀지 못하는 숙제 하나를 잡고 있는 듯하여
늘 어렵기만 하다

바퀴벌레 씨에게

 어느 수업 시간에 우연히 등장한 당신에게 감사하다는 말을 전하고 싶습니다. 예상하지 못한 당신의 출연은 잠든 아이들을 순식간에 깨웠고, 상상의 세상으로 잠시 떠났던 아이들의 정신을 제자리로 돌려주었습니다. 물론, 너무 놀라 책상 위로 올라가려다 넘어진 보민이의 다리에 시퍼런 멍을 만들어 주었고, 책상 위에 올려 두었던 동호의 물병이 밑으로 떨어져 깨지며 바닥이 흥건히 젖게 되었지만 그래도 당신이 우리에게 준 것은 너무도 크답니다. 수업에 집중하라는 교사의 열 마디 말보다 당신의 등장은 강렬했고, 아이들의 시선을 당신에게로 집중시킬 수 있었답니다. 당신을 잡으려고 우리 반 아이들 22명은 참으로 오랜만에 협동심을 보여 주었고, 느림보 민우가 커다란 발로 당신을 잡는 순간 안도한 아이들이 서로를 바라보며 위로하더군요. 그리고 단 한 번도 보내주지 않았던 큰 박수와 진심이 담긴 격려의 말을 민우에게 전달했답니다. 참으로 아름다운 순간이었답니다.

   바퀴벌레 씨,

   우리 아이들이 으라차차 뭉칠 수 있도록 희생해 준 당신의 노고에 감사의 마음을 전하며 당신의 헛되지 않은 희생을 기억하겠습니다.

반성

군대 간다며 찾아온 녀석
수줍게 인사하며
작은 선인장 화분 하나 건넨다

따박따박 대들며 기를 쓰고
나를 이기려고 애썼던 녀석

잊은 줄 알았는데
용서한 줄 알았는데
아직도 녀석의 말들이 선인장 가시처럼
내 가슴에 박혀 있다는 걸 느낀다

애써 티 내지 않으려는데
무엇을 보았는지
서툰 안녕을 고하며 뒤돌아간다

창가로 화분을 옮기려는데
손끝에서 느껴지는 종이 하나

죄송했다는 잘못했다는
그리고
행복하라는 서툰 글

녀석
끝까지 내 마음에 가시를 박는다

닫힌 마음으로 미소 한번 보여주지 못한
나는 진정한 어른일까?

반성하게 되는 날이다

어디 즈음에 있는 걸까?

너를 향한 나의 마음은
어디 즈음에 있는 걸까?

화살이 되어
너에게로 갈 수 있다면
너의 가슴에 콕 박힐 수 있게

공기가 되어
너에게로 갈 수 있다면
너의 깊은 그곳까지 닿을 수 있게

햇빛이 되어
너에게로 갈 수 있다면
온몸으로 나를 느낄 수 있게

난

지금

너를

정말로

사랑하는 중이야

꽃처럼 새처럼

바람이 불어
꽃향기가 들어오면

교실 안 아이들은
꽃이 되고

바람이 불어
새소리가 들어오면

교실 안 아이들은
새가 된다

꽃이 되어 피어나고
새가 되어 날아오르는
그런 아이들이
내 눈앞에서 초롱인다

예쁜 줄도 모르고
날개가 있는 줄도 모르고

자기들이 얼마나 잘났는지 모른 채
살아가고 있는 못난이들

인연

어떻게 너를 만났을까?

선생이 되고
제자가 되고
어떤 인연이었기에 너를 만났을까?

다음 생에도
너를 만나고
너의 선생이 되어
나불댈 수 있다면
좋겠어

너도 나와 같니?

작은 새싹 하나

푸르른 나무 그늘에 묻혀
햇살 한 줌 닿을 수 없음에도
묵묵히
당당하게
너의 빛깔을 내는
작은 새싹 하나,

너
참
장하구나!

마중물

너의 마음속

꽁꽁 닫힌 이야기들
꺼내고 싶은 진심들
아직 피어나지 못한 꿈들

세상 밖으로
길어 올리려면
아주 작은 시작이 필요해

용기 한 방울
따뜻한 눈길 한 번
괜찮다는 말 한마디

어쩌면

너에게 건네는 미소

살짝 다가오는 위로

그 사소해 보이는 것들이

마중물이 되어

네 안의 깊은 곳에 숨겨져 있는

무한한 가능성을

끌어 올릴지도 몰라

그러니 준희야

오늘 너의 마중물은 뭐니?

혹시, 내가 너의 마중물이 되어주고 있니?

그래, 왔으면 됐어

며칠째
텅 빈 그 아이의 자리
휴대폰은 먹통, 연락 두절
밤마다 잠 못 이루고
혹시나, 혹시나…… 가슴 졸이며
무심한 아이 엄마 대신
내 속만 탄다

차가운 세상 밖으로
세상 모든 짐을 진 듯
그렇게 사라졌던 너

그리고 오늘
교실 뒷문을 살며시 열고
어색하게 들어서는 너

퉁퉁 부은 눈

초췌한 얼굴

순간, 울컥 치밀어 오르는 분노

등짝이라도 한 대 후려칠까

왜 이제 왔냐고 소리라도 지를까

수만 가지 생각이 목구멍까지 차올랐지만

그냥, 그냥 두 팔 벌려 꽉 안아줬다

가느다란 어깨가 내 품에 닿는 순간

모든 걱정이 눈 녹듯 사라지고

남은 건 오직 하나

'그래, 왔으면 됐어.'

그 한마디에 나의 모든 마음을 담아 보았다

우리

너
그리고
나

네
마음 있는 곳에
나

네
시선 있는 곳에
나

이렇게 간단한 단어인데
왜 그렇게 어렵기만 할까?

나랑

우리가 되어 보지 않을래?

이별을 말할 때

사랑이 시작되는 순간은

꽃잎처럼 설레고 아름다워

하지만 사랑이 끝나는 순간은

가시처럼 아프단다

언젠가 너희에게

이별의 순간이 찾아올 때면

지혜롭기를 바라

진지하게 마주 앉아

서로의 눈을 바라보며

더 이상 함께할 수 없음을

솔직하게 전하기를

상처 주지 않고

날카로운 말 대신

따뜻한 진심으로
아픔을 감싸안기를

누구의 탓도 하지 않고
손가락질 대신
서로의 시간을 존중하며
아름다운 기억만을 남기기를

사랑이 변했음을 인정하고
서로의 길을 축복하며
아프지만 성숙하게
이별을 받아들이기를

사랑을 시작하는 법만큼
이별을 마무리하는 법도
삶의 중요한 지혜임을

너희가 깨닫기를 바라

지혜로운 이별은
사랑의 마지막 배려
서로에게 남기는
가장 큰 선물이래

꽃들의 출석부

2025년 9월 10일 초판 1쇄 발행

지은이　임명실
펴낸이　김영훈
편집인　김지희
디자인　김영훈
편집부　이은아, 부건영
펴낸곳　한그루
　　　　출판등록 제651-2008-000003호
　　　　제주특별자치도 제주시 복지로1길 21
　　　　전화 064 723 7580 전송 064 753 7580
　　　　전자우편 onetreebook@daum.net　누리방 onetreebook.com

ISBN 979-11-6867-235-2 (03810)

ⓒ 임명실, 2025

저작권법에 따라 보호를 받는 저작물입니다.
어떤 형태로든 저자 허락과 출판사 동의 없이 무단 전재와 복제를 금합니다.
잘못된 책은 구입하신 곳에서 교환해 드립니다.

값 10,000원